주 의

- 이 책은 지구 생물, 멸종 생물, 환상 요괴, 옛이야기에 나오는 수중 생물의 생태와 독특한 생존법을 소개하는 것이 목적이다.

- 이 책의 배틀 장면은 네 종족에 관한 깊은 이해를 돕기 위해 그들의 특징과 능력을 활용하여 가상으로 꾸민 것이다.

- 배틀 과정을 실감 나게 전달하기 위해 생생하게 표현한 이종 수중 생물들의 대결 그림으로 인해 간혹 공포를 느낄 수 있으므로 주의한다.

頂上決戦! 異種水中生物 オールスター大決戦
<CHOJO KESSEN! ISHU SUICHU SEIBUTSU ALL STAR DAIKESSEN>
Copyright © Creature Story 2024
First published in Japan in 2024 by Seito-sha Co., Ltd.
Korean translation rights arranged with Seito-sha Co., Ltd.
through JM Contents Agency Co.
Korean edition copyright © 2025 by Glsongi Co., Ltd.

이 책의 한국어판 저작권은 JMCA를 통한 저작권자와의 독점 계약으로 ㈜글송이에 있습니다.
저작권법에 의하여 한국 내에서 보호를 받는 저작물이므로 무단 전재와 무단 복제를 금합니다.

일러스트 아이마 타로(ELOOP), 아오히토, icula, 괴인 후쿠후쿠, 정신암흑가 코우, 나가이 케이타, 나스미소이타메, poochamin, madOwl, 야마자키 타로, robuja
디자인 시바 토모유키
사진 제공 UNIPHOTO PRESS, Getty Images, Wikimedia Commons
집필 협력 호리우치 나오야
편집 협력 호리우치 나오야

2025년 8월 10일 초판 1쇄 펴냄

편저 · Creature Story   **옮김** · 고경옥
펴낸이 · 이성호   **펴낸곳** · (주)글송이
편집/디자인 · 이유미, 오영인, 임주용
마케팅 · 이성갑, 윤정명, 이현정, 문현곤, 이동준
경영지원 · 최진수, 이인석, 진승현

출판 등록 · 2012년 8월 8일 제 2012-000169호   **주소** · 서울시 서초구 능안말 1길 1(내곡동)
전화 · 578-1560~1   **팩스** · 578-1562   **이메일** · gsibook01@naver.com

ISBN 979-11-7018-659-5 74080
      979-11-7018-656-4 (세트)

*잘못 만들어진 책은 바꾸어 드립니다.

진정한 최강자는 누구?
이종 수중 생물 대결전 개최

이번 대회에는 물과 관련된 선수들이 모였다. 참가 종족은 지구 생물, 멸종 생물, 환상 요괴, 그리고 옛이야기 등장인물까지 총 네 종족이다.
지구 생물 종족은 지난번 《초위험 수중 생물 최강왕 결정전》의 개인전 우승자인 흑범고래를 시작으로, 육상 최대의 육식 동물인 북극곰, 그리고 양서류인 아나콘다 등 다양한 선수가 출전했다. 멸종 생물 종족에는 바다를 지배했던 메갈로돈과 모사사우루스 등 강력한 우승 후보가 많다. 고대의 압도적인 파워가 이번 대회에서 어떤 활약을 보여 줄지 기대된다.

환상 요괴 종족에는 보댜노이와 시 멍크처럼 생소한 서양 요괴도 참가했다. 이들의 능력을 확인해야 한다. 흥미로운 점은 옛이야기 속 참가자이다. 물과 관련된 선수가 이야기 세계를 뚫고 나와 치열한 배틀을 벌인다. 평소에는 볼 수 없던 이들의 대결도 주목할 만하다. 수온 변화와 파도 같은 환경이 어떤 변수를 만들지 예측하기 어렵다.
체격 차이뿐만 아니라, 각자의 특성을 어떻게 활용하느냐가 승패를 결정한다. 세계와 종족의 경계를 넘어, 수중 최강자를 가리는 흥미진진한 배틀이 시작된다.

출전 종족 소개

지구 생물
진화를 거듭하며 지구에 살아남은 동물들이다. 육지 싸움에 강하다.

멸종 생물
아주 오래전에 멸종한 생물들이다. 압도적인 파워를 가진 선수가 많다.

환상 요괴
세계의 신화나 전설에 등장하는 환상 몬스터와 요괴, 괴인들이다.

옛이야기
소설이나 옛이야기 속 용사, 공주, 마녀들이다. 능력을 예측할 수 없다.

출전 선수 명단

| 백상아리 P16 | 모사사우루스 P17 | 북극곰 P20 | 플레시오사우루스 P21 |

| 남부바위뛰기펭귄 P24 | 아르케론 P25 | 갓파 P28 | 크시팍티누스 P29 |

| 오리너구리 P32 | 일촌법사 P33 | 대왕오징어 P36 | 크라켄 P37 |

A팀

※금색 테두리는 시드권 출전 선수

| 돛새치 P40 | 인어공주 P41 | 아노말로카리스 P44 | 프라이팬 송어 P45 |

시드권 출전

| 흑범고래 P86 | 데이노수쿠스 P87 | 아나콘다 P92 | 리비아탄 멜빌레이 P93 |

| 누켈라비 P98 | 가와텐구 P99 | 세이렌 P104 | 향유고래 P105 |

출전 선수 명단

B 팀

※ 금색 테두리는 시드권 출전 선수

| 동갈치 P74 | 유령선 P75 | 코모도왕도마뱀 P78 | 보댜노이 P79 |

시드권 출전

| 메갈로돈 P112 | 둔클레오스네우스 P113 | 바다코끼리 P118 | 범고래 P119 |

| 시 멍크 P124 | 수영장의 조 P125 | 바다 마녀(인어) P130 | 사오정 P131 |

배틀의 4가지 규칙

1 배틀은 1 대 1로
선수는 단독으로 싸우는 것이 원칙이다. 하지만 집단행동 습성이 있는 생물이나 특별한 사정이 있는 선수는 복수 참전이 인정된다.
동료가 남아 있어도, 싸움의 주체인 선수가 쓰러지면 그 순간 실격된다.

2 경기장의 환경을 활용한다
경기장 안의 식물, 통나무, 바위 등은 배틀 도중 자유롭게 사용할 수 있다. 또한, 경기장 안에 있는 인공적인 물건도 마음껏 사용할 수 있다.
배틀 중 경기장을 어떻게 활용하느냐가 전술의 핵심이다.

3 배틀은 승부가 결정될 때까지
상대가 배틀을 계속하지 못하게 될 때 승패가 결정된다. 하지만 경기장에서 사라지거나 도망치면, 심판의 판단으로 시합 포기 처리된다.
동시에 쓰러졌을 때는 먼저 일어난 쪽이 승리한다.

4 부상은 완전히 회복한 뒤에 참가
모든 배틀에서 실력을 제대로 발휘할 수 있도록 이전 시합에서 입은 부상은 완전히 회복된다. 시합 중에 받았던 독 공격도 다음 시합까지는 회복된다. 배틀 도중 체력을 회복하기 위해 잠시 피신하는 것도 인정된다.

더 궁금한 이야기

출전 선수 집중 탐구

출전 선수의 기초 정보와 능력을 더 깊이 파헤쳐 설명한다.

이종 수중 생물 능력별 순위

공격, 방어 등의 항목마다 순위를 발표해 배틀을 되짚어 본다.

이번 대회의 주요 경기장

수온이나 파도, 주변의 나무와 바위 등 경기장 환경은 승패를 좌우하는 중요한 요소이다. 주요 배틀 경기장을 소개한다.

바다 — 파도와 기후 변화 주의!

가장 많이 등장하는 경기장으로 대부분의 선수가 실력을 발휘할 수 있다.

호수·늪 — 안개 발생, 진흙 주의!

특별한 장애물은 없지만, 수심이 비교적 얕고 안개가 자주 발생한다.

북극 — 극저온 주의!

0도 이하의 수온에서는 선수들이 체온을 빼앗겨 제 실력을 발휘하기 어렵다.

강·폭포 — 격류와 바위 주의!

물살이 거세고 뾰족한 바위도 많아, 헤엄에 능숙해야 유리하다.

이 책의 본문 구성

출전 선수 소개

- **능력치**
  5개의 능력을 7단계로 나타낸다.
  - ▶ **공격력** 강인한 몸, 힘의 세기
  - ▶ **방어력** 적의 공격을 막아 내는 능력
  - ▶ **스피드** 동작의 빠르기·이동 속도
  - ▶ **체력** 전투를 계속 유지하는 능력
  - ▶ **기술력** 특별한 공격 방법, 다양한 전술

- **출전 선수 이름**
- **출전 팀**
- **종족 마크**

- **배틀 유형** 주요 공격이나 방어 기술. 레벨은 0에서 100까지의 수치로 나타낸다.
- **특수 능력**
- **출전 선수 설명**

배틀 장면

- **토너먼트 배틀 순서**
  1회전, 2회전, 3회전, 준준결승, 준결승, 결승으로 각 배틀을 표시한다.
- **경기장 정보**
  경기장의 유형과 물의 온도, 기후에 관한 정보가 표시된다.
- **배틀 참가 선수명**
- **특수 능력**
  배틀에서 사용하는 출전 선수의 특수 능력을 설명한다.
- **배틀 장면**

- **배틀의 관전 포인트**
- **참가 선수의 생태 설명**
- **배틀 결과**

14

백상아리 VS 모사사우루스 P18

북극곰 VS 플레시오사우루스 P22

남부바위뛰기펭귄 VS 아르케론 P26

갓파 VS 크시팍티누스 P30

오리너구리 VS 일촌법사 P34

대왕오징어 VS 크라켄 P38

돛새치 VS 인어공주 P42

배틀 시작! 1회전 총 16 배틀

아노말로카리스 VS 프라이팬 송어 P46

나일악어 VS 펠라고니스 샌더시 P52

하마 VS 후크 선장 P56

안트로포르니스 VS 비버 P60

참문어 VS 우라시마 타로와 거북 P64

가니보즈 VS 피라냐 P68

야이켈롭테루스 VS 일각돌고래 P72

동갈치 VS 유령선 P76

코모도왕도마뱀 VS 보댜노이 P80

#02 모사사우루스

A팀

멸종 생물

공격력 S
방어력 A
스피드 A
체력 A
기술력 B

배틀 유형
덥석 물기	95
칼날 꼬리 공격	90
회전 태클(물속)	90

특수 능력
피의 공격
상처를 입을수록 더욱 사나워지고, 공격이 거세진다.

적을 절대 놓치지 않는 바다의 왕자

백악기 후기인 6,600만 년 전까지 바다에 살았던 바다 파충류로, 같은 시기에 살았던 티라노사우루스에게도 뒤지지 않는 힘을 지닌 공격적인 바다의 지배자이다. 10m가 넘는 길쭉한 몸통과 강력한 꼬리, 지느러미가 달린 손발로 바닷속을 자유롭게 돌아다니며 커다란 입으로 상대를 낚아챈다.

#04 플레시오사우루스

A팀 / 멸종 생물

배틀 유형
긴 목 공격	85
지느러미 수영	80
날카로운 엄니	75

특수 능력
넓은 시야
긴 목으로 적을 빠르게 감지해 몸을 피한다.

공격력 B / 방어력 B / 기술력 A / 체력 A / 스피드 A

해룡의 긴 목이 끝없이 적을 추격한다!

트라이아스기부터 백악기 후기(약 2억 년~6,600만 년 전)까지 바다에 살았던 수장룡이다. 몸의 절반을 차지하는 긴 목과 넓은 시야를 무기로 삼아, 유연한 몸놀림으로 상대를 포획한다. 큰 지느러미가 달린 손발로 빠르게 헤엄치며, 이빨로 무는 힘도 매우 강력해 한 번 잡히면 도망칠 수 없다.

A팀
#06 아르케론

멸종 생물

공격력 B
기술력 B
방어력 A
체력 A
스피드 A

배틀 유형

등딱지 방패	90
등딱지 태클	80
뾰족한 부리	70

특수 능력

등딱지 방어
등딱지에는 공격이 통하지 않는다.

2t의 몸무게가 무기인 최대 크기의 바다거북

약 7,500만 년 전 백악기 후기, 북아메리카 바다에 살았던 역사상 가장 큰 거북이다. 몸길이 4m, 몸무게 2t인 중량급 파이터로 위에서 덮치는 공격이 강력하다. 머리와 손발을 등딱지에 넣을 순 없지만, 단단한 등딱지로 방어하고 날카로운 부리로 상대를 공격한다. 헤엄 실력도 뛰어나다.

A팀  1회전 결과 발표

배틀 1

백상아리 VS 모사사우루스

백상아리는 연속 공격으로 모사사우루스를 압박했으나, 모사사우루스가 강력한 꼬리지느러미로 반격해 역전승을 거뒀다.

배틀 2

북극곰 VS 플레시오사우루스

바닷속에서는 플레시오사우루스가 유리하게 싸움을 이끌었지만, 빈틈을 노린 북극곰이 육지로 올라가 KO승을 거뒀다.

배틀 3

남부바위뛰기펭귄 VS 아르케론

갑작스러운 큰 파도에 싸움이 물속으로 번졌다. 아르케론은 뛰어난 방어력으로 상대의 공격을 막아 내며 2회전에 진출했다.

배틀 4

갓파 VS 크시팍티누스

갓파는 변신술로 등 뒤를 노렸으나, 크시팍티누스가 반격에 나서 갓파의 머리 위 접시를 깨뜨리며 승리를 차지했다.

드디어 수중 생물 최강자를 가리는 최강왕 결정전의 막이 올랐다. 선수들은 강력한 기술, 특수 능력, 전투 상황을 고려한 전술을 총동원해 승리를 노린다.

배틀 5

오리너구리 VS 일촌법사

팽팽한 접전을 이어갔으나, 일촌법사가 가벼운 몸을 이용한 공중 공격으로 오리너구리를 쓰러뜨렸다.

배틀 6

대왕오징어 VS 크라켄

대왕오징어가 선제공격에 성공했으나, 크라켄이 8개의 다리로 싸움을 지배해 바다 대결에서 승리했다.

배틀 7

돛새치 VS 인어공주

돛새치는 스피드를 이용해 공격했지만, 인어공주가 지형을 이용한 반격으로 돛새치를 누르고 승리했다.

배틀 8

아노말로카리스 VS 프라이팬 송어

아노말로카리스가 일방적으로 공격하는 듯 보였으나, 프라이팬 송어의 반격이 적중해 가까스로 1회전을 통과했다.

다음은 B팀 1회전이 시작된다!

B팀

#20 후크 선장

옛이야기

- 공격력 A
- 기술력 A
- 방어력 B
- 체력 A
- 스피드 C

배틀 유형
해적의 검	80
갈고리 공격	??
배로 도망치기	70

특수 능력
무기 팔
오른손을 교체해 다양한 무기로 사용할 수 있다.

무시무시한 갈고리 손의 해적 선장

동화 《피터 팬》에 등장하는 악당으로, 철제 갈고리 의수를 지닌 해적 선장이다. 복수심에 불타는 위험한 인물로, 방해하는 적에게 독을 먹이거나 함정에 빠뜨리는 등 용서하지 않는다. 검술 실력이 뛰어나며, 독 손톱 등 여러 무기로 바꿔 끼울 수 있는 의수를 이용해 예측하기 어려운 술수를 펼친다.

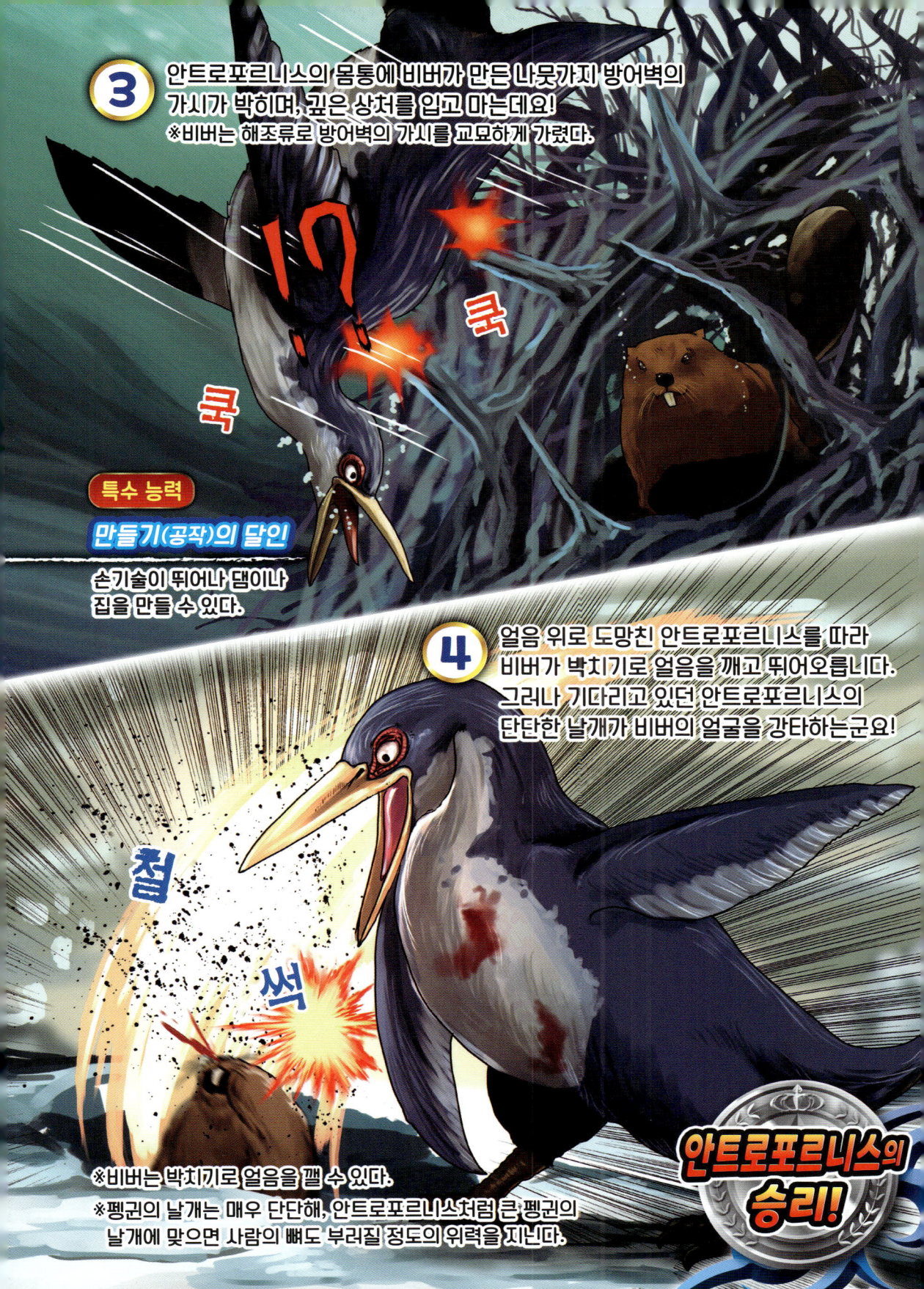

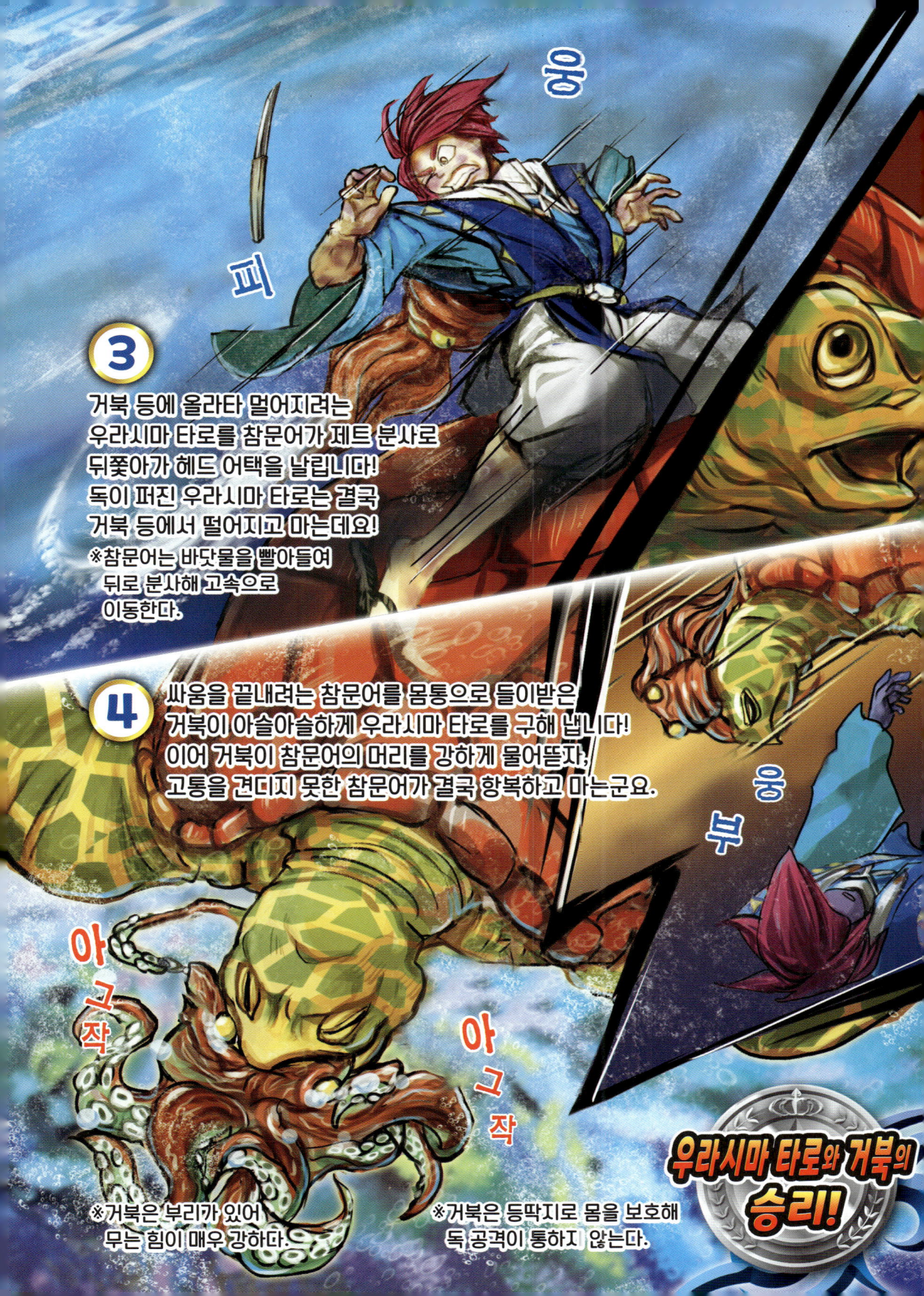

B팀
#29 동갈치

지구 생물

공격력 B
기술력 A   방어력 C
체력 B   스피드 S

배틀 유형

레이저 공격	90
물어뜯기	45
불빛 공격	??

특수 능력
빛 파워
빛을 보면 난폭해져 공격력이 상승한다.

빛을 뚫고 돌진하는 미사일 물고기

창처럼 길고 날렵한 모습이며 다른 물고기의 비늘에 반사된 빛을 보고 사냥에 나선다. 초고속(시속 60km)으로 돌진해 날카롭고 뾰족한 주둥이로 상대의 몸통을 꿰뚫는다. 빛을 향해 달려드는 습성이 있어, 밤에 해수면에 빛을 비추는 행동은 매우 위험하다. 무리 지어 일제히 달려드는 공격은 강력한 파괴력을 자랑한다.

B 팀  결과 발표

배틀 9

나일악어 VS 펠라고니스 샌더시

나일악어가 육지와 바다를 넘나드는 싸움에서 우위를 점하며 펠라고니스 샌더시를 꺾고 2회전에 진출했다.

배틀 10

하마 VS 후크 선장

후크 선장이 갈고리 손을 이용한 다양한 공격으로 압박했지만, 하마는 강력한 박치기로 승리를 거머쥐었다.

배틀 11

안트로포르니스 VS 비버

비버가 댐을 쌓아 배틀을 유리하게 이끌었지만, 안트로포르니스가 혼신의 날개 펀치를 날려 역전승을 거두었다.

배틀 12

참문어 VS 우라시마 타로와 거북

참문어의 독 공격으로 우라시마 타로가 위기에 처했으나, 거북의 기지로 참문어의 항복을 받아 내며 2회전에 진출했다.

A팀에 이어 B팀에서도 배틀의 막이 올랐다. 각기 다른 방식으로 승리를 노리는 선수들의 치열한 싸움에서 눈을 뗄 수 없다.

배틀 13

가니보즈 VS 피라냐

피라냐가 끊임없이 공격을 시도했으나, 가니보즈의 강력한 집게발 공격 앞에 피라냐가 무너지면서 승패가 나뉘었다.

배틀 14

야이켈롭테루스 VS 일각돌고래

두 선수 모두 바닷속에서 버티기 작전에 돌입했지만, 야이켈롭테루스가 먼저 포기해 일각돌고래가 승리를 거두었다.

배틀 15

동갈치 VS 유령선

유령선이 거대해지며 우세를 점했지만, 동갈치 떼가 돌격하며 유령의 무기인 국자를 부수고 확실한 역전승을 거두었다.

배틀 16

코모도왕도마뱀 VS 보댜노이

고전하던 보댜노이가 코모도왕도마뱀이 방심한 순간 약점을 공략해 1회전을 무사히 통과했다.

다음은 A팀 2회전이 시작된다!

집중 탐구!
출전 선수 파헤치기 ①
돛새치

돛새치는 사냥의 달인

돛새치의 길게 뻗은 위턱은 사냥 도구로 쓰이며, 동료들과 협력해 사냥을 펼친다. 커다란 등지느러미를 펼쳐 먹잇감이 되는 물고기 무리를 위협하고 포위하여 수면 가까이로 몰아간다. 기다란 위턱을 무리 속에 찔러 넣어 휘두르며, 물고기를 때려 약하게 만든다. 이런 공격을 반복해 사냥감의 힘을 점차 빼앗으며 결국 목숨을 빼앗는다.

먹이 무리를 노리는 돛새치는 위턱을 휘두르는 속도가 매우 빨라, 한 번 겨냥한 물고기는 좀처럼 놓치지 않는다.

이름의 유래가 된 등지느러미

파초는 높이 4m까지 자라는 거대한 식물이다.

돛새치는 일본에서 '파초새치'라 부른다. 등지느러미가 파초 나뭇잎과 닮아 붙여진 이름이다. 파초 나무는 길이 2m 정도인 잎이 나고 바나나를 닮은 열매가 열린다. 참고로 돛새치를 영어로 '세일피시(Sailfish)'라고 하는데, 등지느러미를 세우고 헤엄치는 모습이 돛을 펼친 배처럼 보여 붙여진 이름이다.

 흑범고래 VS 모사사우루스 P88
 데이노수쿠스 VS 북극곰 P90
 아나콘다 VS 아르케론 P94

 리비아탄 멜빌레이 VS 크시팍티누스 P96
 누켈라비 VS 일촌법사 P100
 가와텐구 VS 크라켄 P102

 세이렌 VS 인어공주 P106

배틀 시작! 2회전 총 16 배틀

 향유고래 VS 프라이팬 송어 P108

 메갈로돈 VS 나일악어 P114
 둔클레오스테우스 VS 하마 P116

 바다코끼리 VS 안트로포르니스 P120
 범고래 VS 우라시마 타로와 거북 P122
 시 멍크 VS 가니보즈 P126

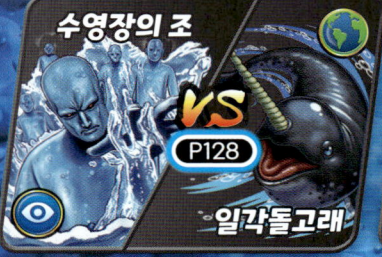 수영장의 조 VS 일각돌고래 P128
 바다 마녀(인어) VS 동갈치 P132
 사오정 VS 보댜노이 P134

A팀 #33 흑범고래

지구 생물

배틀 유형
메가톤 박치기	90
물어뜯기	85
회오리 공격	90

특수 능력
반향 위치 측정
소리의 반향으로 상대의 위치를 파악한다.

공격력 A / 방어력 A / 스피드 B / 체력 A / 기술력 S

높은 지능으로 적을 추격하는 바다의 전략가

몸길이 약 6m에 이르며, 길고 홀쭉한 체형과 강한 이빨을 지닌 육식 동물이다. 지능이 높아 상황을 판단하며 싸움을 유리하게 이끄는 영리한 전술을 펼친다. 반향 위치 측정을 이용해 적의 위치를 정확히 찾아내고, 커다란 머리로 들이받아 큰 피해를 준다. 수영 실력이 뛰어나고, 깊은 잠수에도 능하다.

3
항복할 듯하던 크시팍티누스가 갑자기 강력한 점프력으로 침몰선을 들이받는데요! 바닷속에 퍼진 충격파에 리비아탄이 놀라 순간 움직임을 멈춥니다.

※리비아탄 멜빌레이는 매우 두꺼운 지방층을 갖고 있다.

4
반전을 노린 크시팍티누스가 강한 턱으로 리비아탄을 물어뜯지만, 분노한 리비아탄이 크게 입을 벌려 크시팍티누스를 통째로 삼켜 버리고 마는군요!

리비아탄 멜빌레이의 승리!

A팀  2회전 결과 발표

배틀 1
흑범고래 VS 모사사우루스

흑범고래는 거칠게 공격하는 모사사우루스를 뛰어난 전략으로 따돌려 승리를 거두었다.

배틀 2
데이노수쿠스 VS 북극곰

초반 추위 때문에 고전하던 데이노수쿠스는 강력한 물어뜯기와 데스롤로 끝내 북극곰을 쓰러뜨렸다.

배틀 3
아나콘다 VS 아르케론

아르케론이 물속에서 버티기를 시도했으나, 아나콘다가 결정적인 한 방으로 빈틈을 노려 승리를 거머쥐었다.

배틀 4
리비아탄 멜빌레이 VS 크시팍티누스

통째로 삼키는 공격으로 크시팍티누스를 누르고 리비아탄 멜빌레이가 3회전에 진출했다.

2회전에서는 1회전을 통과한 선수와 시드권을 획득해 출전한 선수가 맞붙었다. 최강 전투력의 시드권 선수들과 긴장감을 놓을 수 없는 접전이 재미를 더 했다.

배틀 5

누켈라비 VS 일촌법사

일촌법사가 거대화해 누켈라비를 압박했으나, 방심한 틈을 노린 누켈라비가 승리를 차지했다.

배틀 6

가와텐구 VS 크라켄

불리한 상황에서 부채를 활용한 전략으로 힘의 차이를 극복한 가와텐구가 가까스로 승리했다.

배틀 7

세이렌 VS 인어공주

바다 생물의 힘을 빌린 인어공주가 승리하는 듯했지만, 세이렌이 노랫소리로 바다 생물을 이용해 경기를 뒤집으며 승리했다.

배틀 8

향유고래 VS 프라이팬 송어

향유고래의 급소를 정확히 노린 프라이팬 송어의 전략으로 예상 밖 대승리를 거두었다.

다음은 B팀 2회전이 시작된다!

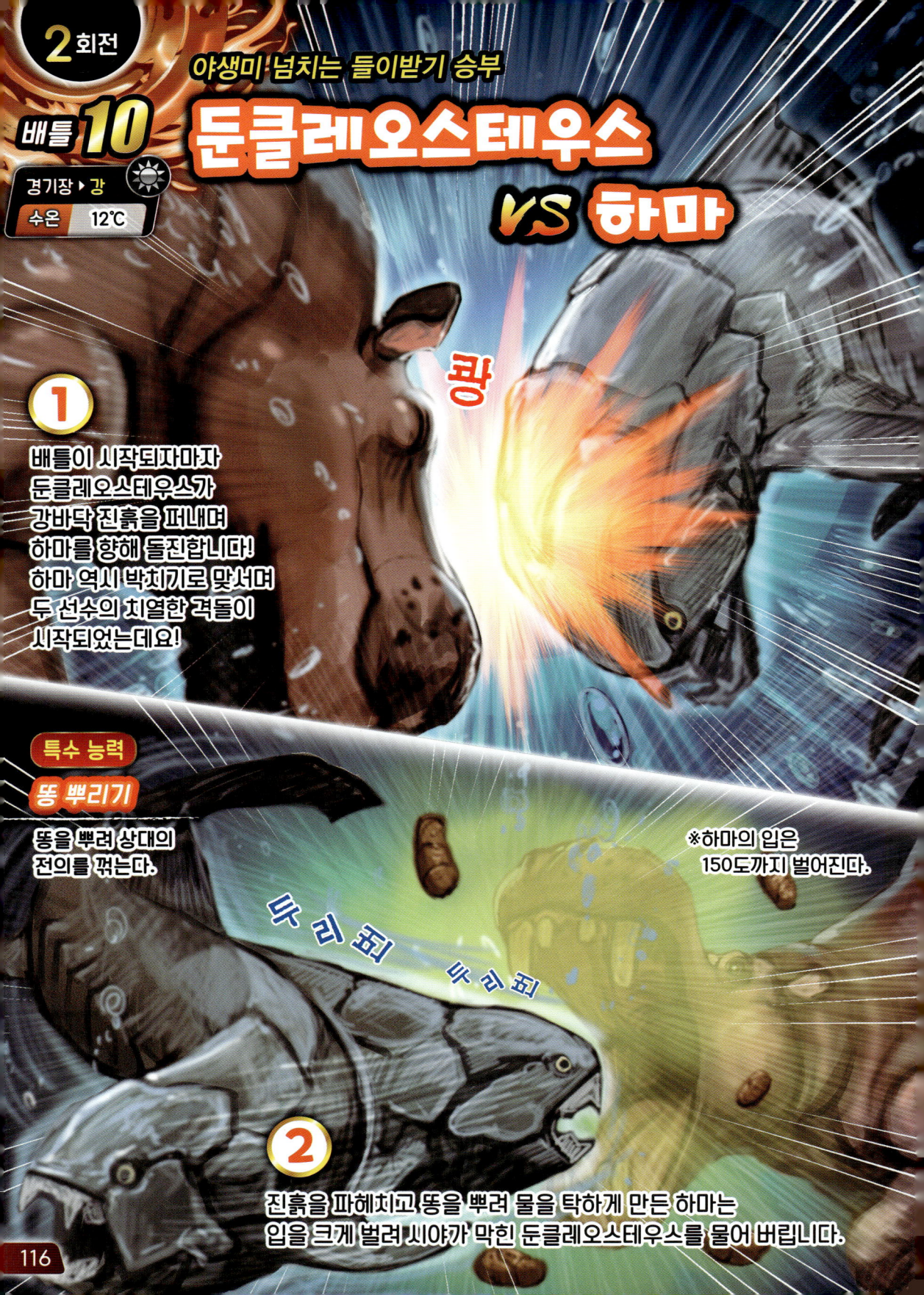

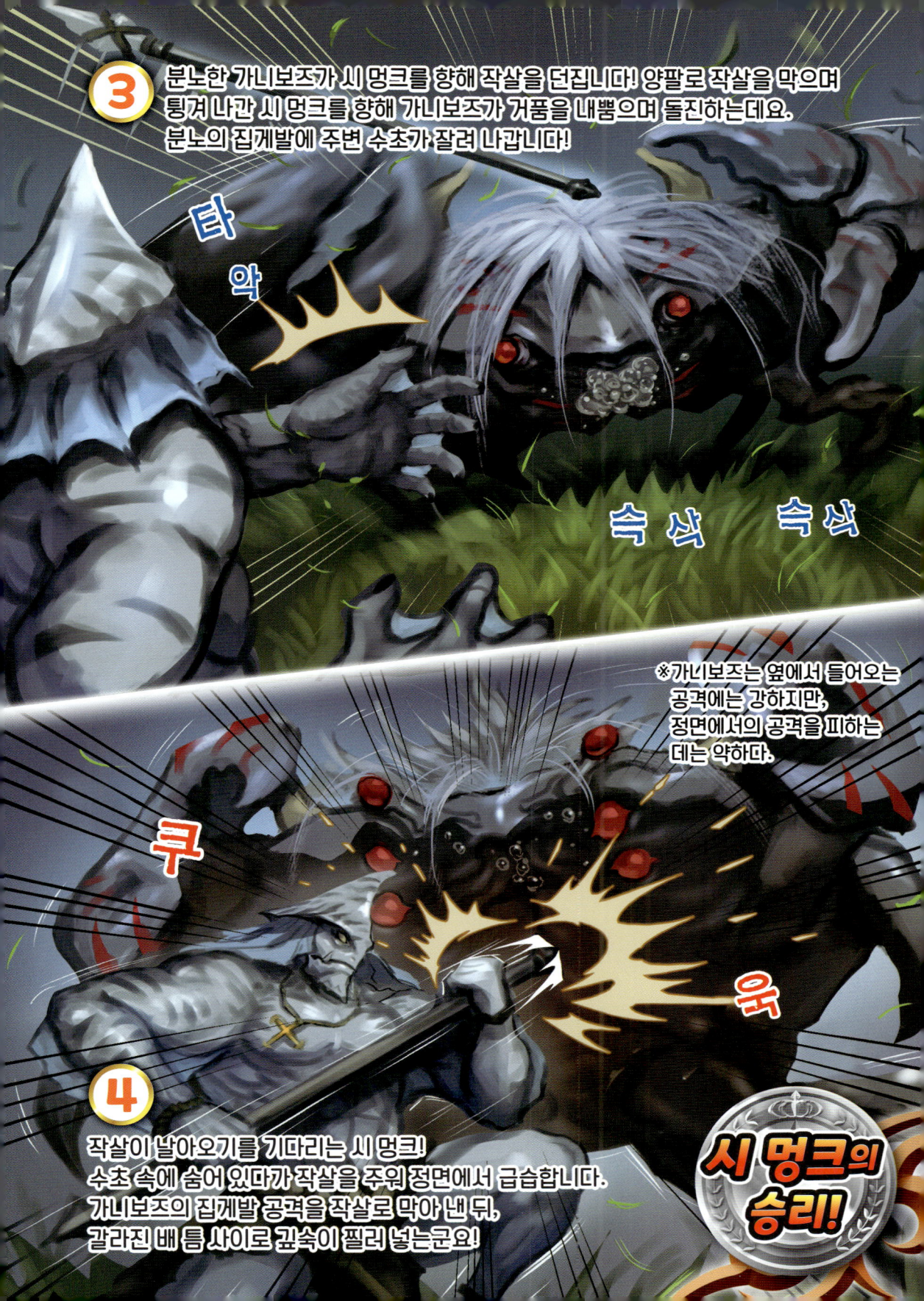

B팀 2회전 결과 발표

배틀 9
메갈로돈 VS 나일악어

메갈로돈이 초대형 몸집을 활용한 압도적인 공격으로 나일악어를 KO 시키며 승리를 차지했다.

배틀 10
둔클레오스테우스 VS 하마

하마의 돌진에 휘청였지만, 둔클레오스테우스가 반격에 성공하며 3회전 티켓을 손에 넣었다.

배틀 11
바다코끼리 VS 안트로포르니스

두꺼운 지방층의 강력한 방어로 안트로포르니스의 반격을 막아 낸 바다코끼리가 3회전에 진출했다.

배틀 12
범고래 VS 우라시마 타로와 거북

범고래의 공격에 우라시마 타로와 거북이 흩어졌으나, 이를 이용한 미끼 작전에 성공해 범고래를 격파했다.

3회전에 진출할 16선수가 확정되었다. 예측대로 승리한 선수뿐 아니라 뜻밖의 선전으로 올라온 선수들도 있어 앞으로 더욱 치열한 배틀이 펼쳐질 전망이다.

배틀 13

시 멍크 VS 가니보즈

힘겨루기로 맞붙었지만, 힘의 차이를 깨달은 시 멍크가 가니보즈의 공격을 간파하고 작살 찌르기로 승리했다.

배틀 14

수영장의 조 VS 일각돌고래

수영장의 조는 부하와 함께 맹공격을 펼쳤지만, 잠수 능력과 드릴 공격이 우세한 일각돌고래가 승리를 차지했다.

배틀 15

바다 마녀(인어) VS 동갈치

바다 마녀는 마법으로 동갈치의 돌격을 막아 내고 마지막으로 지팡이로 동갈치의 움직임을 차단해 3회전에 진출했다.

배틀 16

사오정 VS 보댜노이

사오정이 고함 지르기로 보댜노이의 움직임을 묶어 둔 것이 결정타로 작용해 승리했다.

다음은 A·B팀의 3회전이 시작된다!

이종 수중생물 올스타 대결전

A팀

참가자	1회전	2회전	3회전	준준결승	준결승
흑범고래					
백상아리	1회전 배틀 1 ➡ P18	2회전 배틀 1 ➡ P88	3회전 배틀 1 ➡ P142		
모사사우루스					
데이노수쿠스				준준결승 배틀 1 ➡ P164	
북극곰	1회전 배틀 2 ➡ P22	2회전 배틀 2 ➡ P90			
플레시오사우루스					
아나콘다					준결승 배틀 1 ➡ P176
남부바위뛰기펭귄	1회전 배틀 3 ➡ P26	2회전 배틀 3 ➡ P94	3회전 배틀 2 ➡ P144		
아르케론					
리비아탄 멜빌레이					
갓파	1회전 배틀 4 ➡ P30	2회전 배틀 4 ➡ P96			
크시팍티누스					
누켈라비				준준결승 배틀 2 ➡ P166	
오리너구리	1회전 배틀 5 ➡ P34	2회전 배틀 5 ➡ P100	3회전 배틀 3 ➡ P146		
일촌법사					
가와텐구					
대왕오징어	1회전 배틀 6 ➡ P38	2회전 배틀 6 ➡ P102			
크라켄					
세이렌					
돛새치	1회전 배틀 7 ➡ P42	2회전 배틀 7 ➡ P106	3회전 배틀 4 ➡ P148		
인어공주					
향유고래					
아노말로카리스	1회전 배틀 8 ➡ P46	2회전 배틀 8 ➡ P108			
프라이팬 송어					

중간 베스트 16 결정!

토너먼트

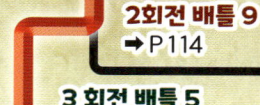

B 팀

결과

- 3 회전 배틀 5 ➡ P150
  - 2회전 배틀 9 ➡ P114
    - 메갈로돈
    - 1회전 배틀 9 ➡ P52
      - 나일악어
      - 펠라고니스 샌더시
  - 2회전 배틀 10 ➡ P116
    - 둔클레오스테우스
    - 1회전 배틀 10 ➡ P56
      - 하마
      - 후크 선장

- 준준결승 배틀 3 ➡ P168

- 3 회전 배틀 6 ➡ P152
  - 2회전 배틀 11 ➡ P120
    - 바다코끼리
    - 1회전 배틀 11 ➡ P60
      - 안트로포르니스
      - 비버
  - 2회전 배틀 12 ➡ P122
    - 범고래
    - 1회전 배틀 12 ➡ P64
      - 참문어
      - 우라시마 타로와 거북

- 준결승 배틀 2 ➡ P178

결승 ➡ P186

- 3 회전 배틀 7 ➡ P154
  - 2회전 배틀 13 ➡ P126
    - 시 멍크
    - 1회전 배틀 13 ➡ P68
      - 가니보즈
      - 피라냐
  - 2회전 배틀 14 ➡ P128
    - 수영장의 조
    - 1회전 배틀 14 ➡ P72
      - 야이켈롭테루스
      - 일각돌고래

- 준준결승 배틀 4 ➡ P170

- 3 회전 배틀 8 ➡ P156
  - 2회전 배틀 15 ➡ P132
    - 바다 마녀(인어)
    - 1회전 배틀 15 ➡ P76
      - 동갈치
      - 유령선
  - 2회전 배틀 16 ➡ P134
    - 사오정
    - 1회전 배틀 16 ➡ P80
      - 코모도왕도마뱀
      - 보댜노이

격렬한 전투가 시작된다!

집중 탐구!
출전 선수 파헤치기 ②

우라시마 타로와 거북

우라시마 타로를 도와준 거북은 여성?

우라시마 타로 이야기는 720년에 쓰인 역사서 《일본서기》에 실린 아주 오래된 이야기다. 이 책에서는 우라시마 타로가 큰 거북을 낚아 올리는데, 그 거북이 여성으로 변신한다. 이후 둘은 결혼하여 신선의 세계로 떠난다고 기록되어 있다. 이후 시대에는 거북의 은혜와 용궁의 선녀 이야기가 더해져, 지금과 같은 형태의 우라시마 타로 이야기가 완성되었다고 한다.

용궁에서 집으로 돌아가는 우라시마 타로와 거북을 그린 그림. 우라시마 타로는 용궁의 선녀에게 받은 보물 상자를 소중히 안고 있다.

장수의 상징, 바다거북

청거북. 일본에서는 5종류의 바다거북을 볼 수 있다.

일본에는 '학은 천 년, 거북은 만 년'이라는 속담이 있다. 그러나 실제로 거북이 이렇게 오래 살지는 않는다. 현재까지 가장 오래 산 개체는 175세를 기록한 갈라파고스코끼리거북 '해리엇'이다. 우라시마 타로 이야기 속 거북은 바다거북으로, 실제 수명은 약 70~80년이다.

흑범고래 VS 데이노수쿠스 P142

아나콘다 VS 리비아탄 멜빌레이 P144

누켈라비 VS 가와텐구 P146

배틀 시작! 3회전 총 8 배틀

세이렌 VS 프라이팬 송어 P148

메갈로돈 VS 둔클레오스테우스 P150

바다코끼리 VS 우라시마 타로와 거북 P152

시 멍크 VS 일각돌고래 P154

바다 마녀(인어) VS 사오정 P156

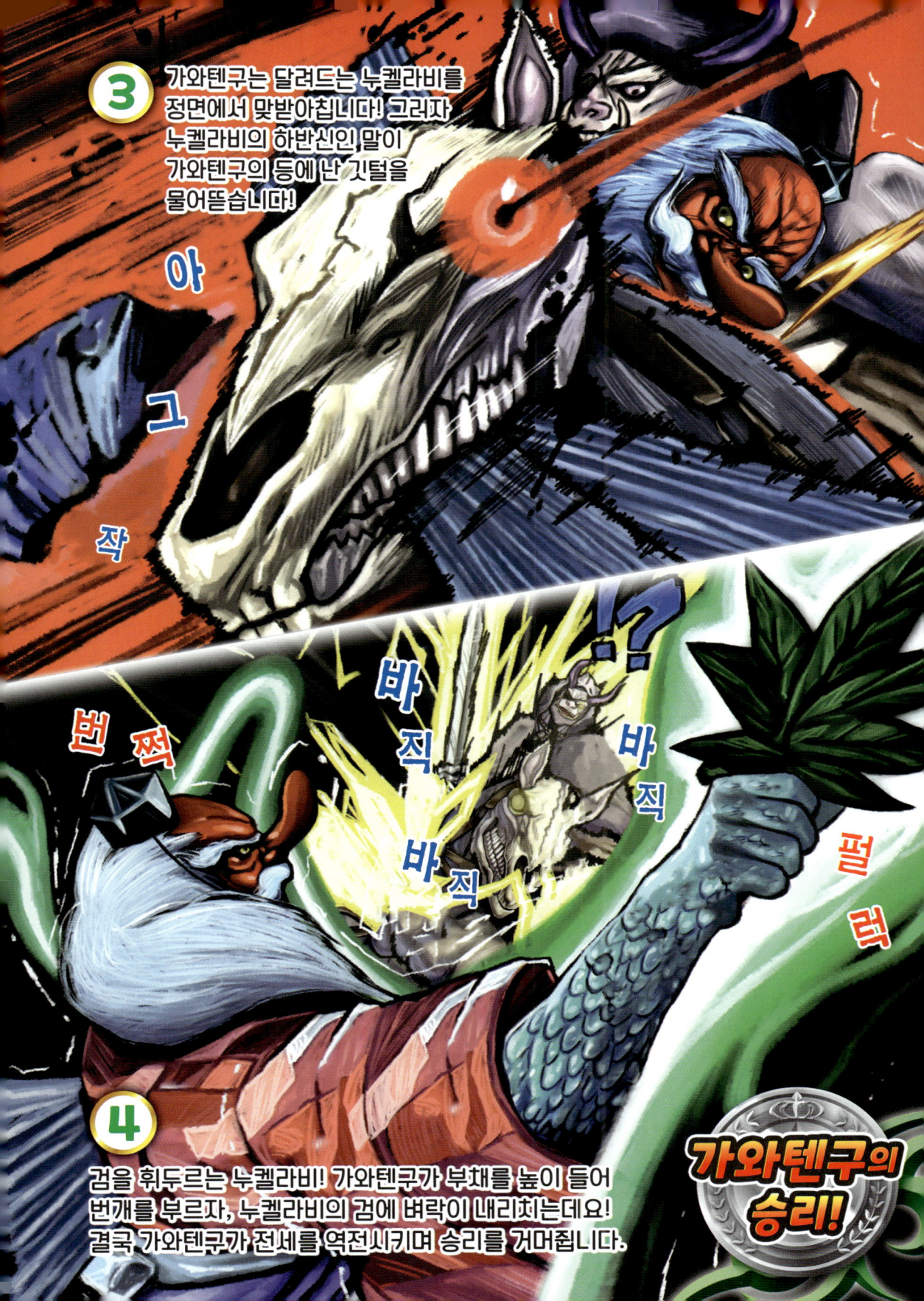

A·B팀 3회전 결과 발표

배틀 1
흑범고래 VS 데이노수쿠스
흑범고래가 약점을 노려 경기를 유리하게 이끌었으나, 데이노수쿠스가 박치기로 반격해 결국 흑범고래를 격파했다.

배틀 2
아나콘다 VS 리비아탄 멜빌레이
아나콘다는 리비아탄 멜빌레이에게 삼켜질 뻔했지만, 몸통 휘감기로 항복을 받아 내며 승리를 이끌었다.

배틀 3
누켈라비 VS 가와텐구
치열한 공방 끝에 누켈라비가 타격을 입혔으나, 가와텐구의 번개 공격이 적중하며 극적으로 역전승을 거두었다.

배틀 4
세이렌 VS 프라이팬 송어
세이렌이 노랫소리로 혼란을 일으키려 했으나, 프라이팬 꼬리로 노랫소리를 튕겨 내며 프라이팬 송어가 승리했다.

A·B팀을 통과한 16명의 선수 중 베스트 8이 가려졌다! 강적들만 남은 가운데, 자기 특기를 제대로 발휘한 진짜 강자들의 승부가 점점 더 흥미진진해진다!

배틀 5
메갈로돈 VS 둔클레오스테우스

체격 차이를 극복하고 큰 소리에 약한 메갈로돈의 빈틈을 노린 둔클레오스테우스가 역전승을 거두었다.

배틀 6
바다코끼리 VS 우라시마 타로와 거북

우라시마 타로와 거북이 각자 공격을 퍼부었으나, 바다코끼리는 압도적인 힘으로 이들을 격파했다.

배틀 7
시 멍크 VS 일각돌고래

시 멍크는 일각돌고래의 뿔 공격에 고전했지만, 물속에서의 지구력 싸움으로 가까스로 승리했다.

배틀 8
바다 마녀(인어) VS 사오정

바다 마녀의 마법에 맞선 사오정이 괴력으로 보장을 휘둘러 모든 마법을 튕겨 내며 완승을 거두었다.

드디어 준준결승이 시작된다!

집중 탐구!
출전 선수 파헤치기 ③
메갈로돈

왜 그렇게 몸집이 커졌을까?

메갈로돈의 몸길이는 약 15m로 알려져 있다. 이렇게 거대해진 원인으로는, 높은 체온을 유지하고자 지방이 많은 고래나 바다표범을 다량으로 섭취했기 때문이라는 설이 있다. 현대에도 체온이 높은 일부 상어가 존재하는데, 메갈로돈 역시 이들과 비슷했을 것으로 추정된다. 실제로 메갈로돈이 높은 체온을 지녔다는 증거도 발견되어, 이에 대한 연구가 계속되고 있다.

몸길이 8m, 높이 3m에 달하는 메갈로돈의 실제 모형. 턱 화석의 크기를 토대로 계산해 완성된 것이다.

상어의 이빨 화석이 텐구의 손톱이라고?

상어의 이빨 화석. 지대가 높은 산에서 발견되기도 한다.

일본에서는 상어의 이빨 화석을 '텐구의 손톱'이라고 불렀다. 옛날 사람들은 이 정체불명 돌의 모양 때문에, 텐구가 떨어뜨린 손톱이라고 여겼던 것이다. 그런데 상어의 몸 전체가 아니라 왜 이빨만 화석으로 남았을까? 상어의 몸은 부드러운 연골로 이루어져 있어 단단한 이빨만이 화석으로 보존되기 때문이다.

데이노수쿠스 VS 아나콘다 P164

가와텐구 VS 프라이팬 송어 P166

준준결승 & 준결승

둔클레오스테우스 VS 바다코끼리 P168

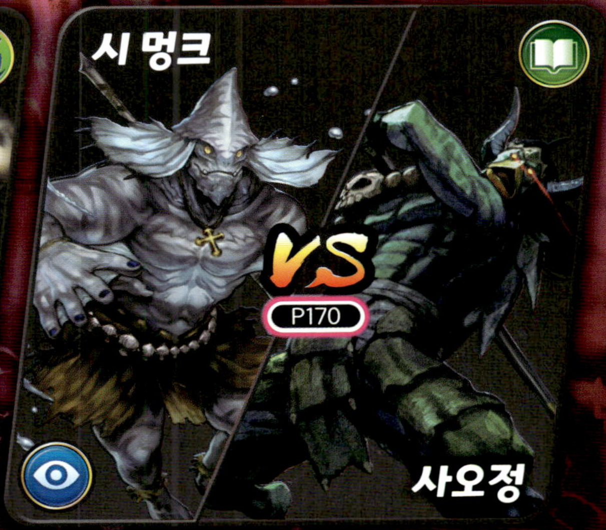

시 멍크 VS 사오정 P170

준준결승 & 준결승 대진표

베스트 8이
배틀에서 승리한 여덟 선수가

불꽃 튀는 필살의 데스롤!
데이노수쿠스

상대를 휘감으면 게임 끝!
아나콘다

다채로운 전투 기술로 제압하라!
가와텐구

대반전을 일으켜라!
프라이팬 송어

준결승

결승 진출

주목할 선수 : 데이노수쿠스
마지막까지 끈질기게 싸우다 강력한 한 방으로 제압한다. 또한, 시드권 없이 배틀을 뚫고 올라온 프라이팬 송어 역시 주목할 만하다.

모이다!
최강자의 자리를 노린다!

결승 진출

준결승

단단한 갑옷과 강력한 한 방!
둔클레오스테우스

단번에 제압하는 엄니 공격!
바다코끼리

정신력·기술·체력을 갖춘 전투 기술자!
시 멍크

중량급 보장을 자유자재로 다룬다!
사오정

주목할 선수 : 둔클레오스테우스
단단한 뼈로 몸을 보호하며 여러 번의 위기에서 빠져나왔다. 또한, 무기를 거침없이 휘두르는 시 멍크와 사오정의 대결 역시 놓칠 수 없는 명승부가 될 것이다.

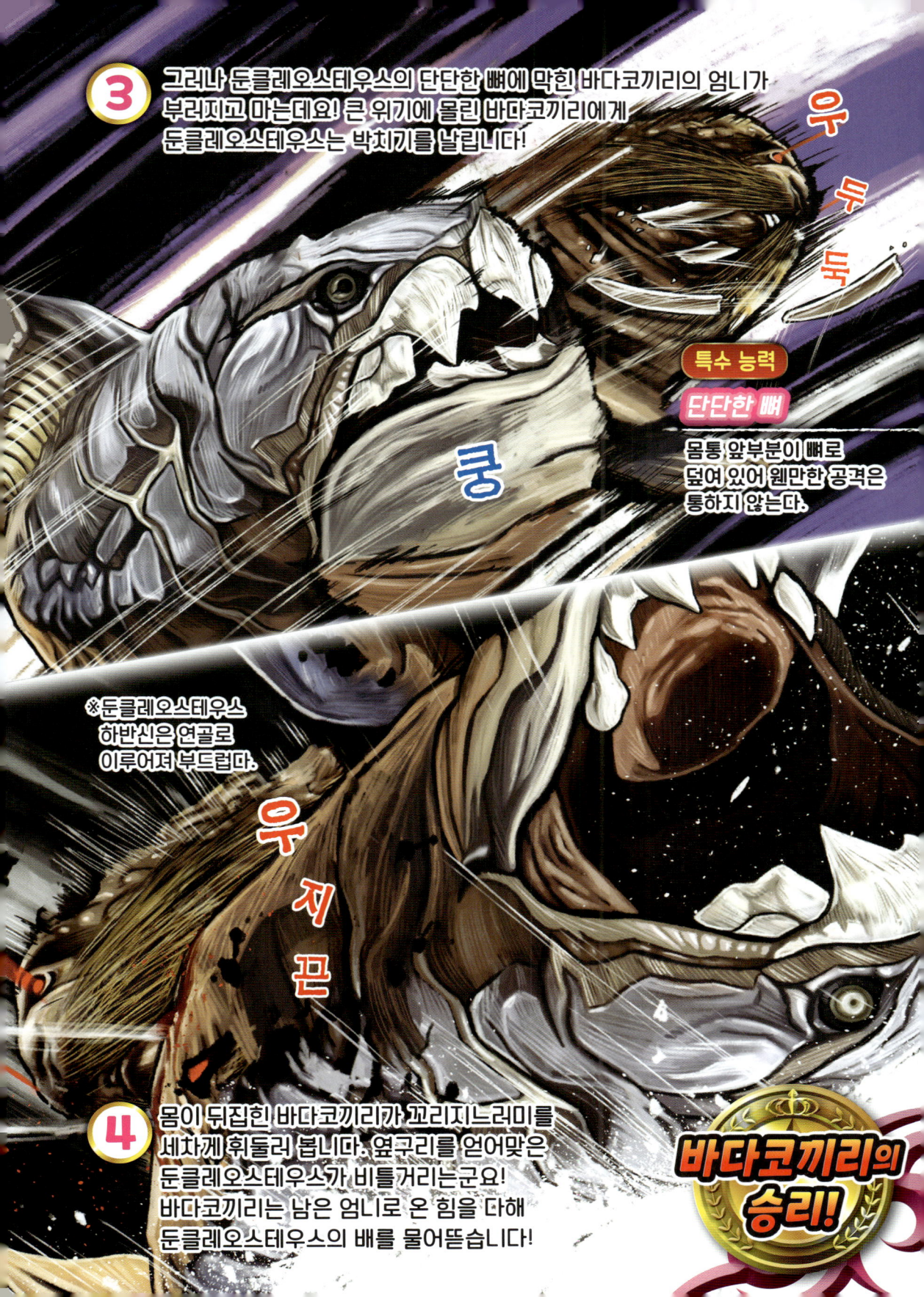

준준결승 결과 발표

배틀 1

데이노수쿠스 VS 아나콘다

선제공격으로 싸움을 주도했던 아나콘다는 강력한 조르기 공격으로 데이노수쿠스를 꼼짝 못 하게 만들었다. 하지만 마무리가 허술했다. 통째로 먹힐 위기의 순간, 아나콘다의 머리를 물어뜯은 데이노수쿠스가 행운을 거머쥐며 승리를 차지했다.

배틀 2

가와텐구 VS 프라이팬 송어

프라이팬과 부채의 대결로 시작된 배틀은 팽팽한 낚싯줄 승부로 이어졌으나, 뜨거운 열기로 프라이팬이 갈라지며 프라이팬 송어가 위기에 빠졌다. 가와텐구의 승리로 끝나는 듯했지만, 작살을 주운 프라이팬 송어가 가와텐구를 격파하며 준결승에 진출했다.

드디어 준준결승이 시작됐다! 베스트 8의 강자들이 서로의 능력을 한껏 선보인 뜨거운 배틀이었다. 과연 베스트 4에 진출할 선수들은 누구일까?

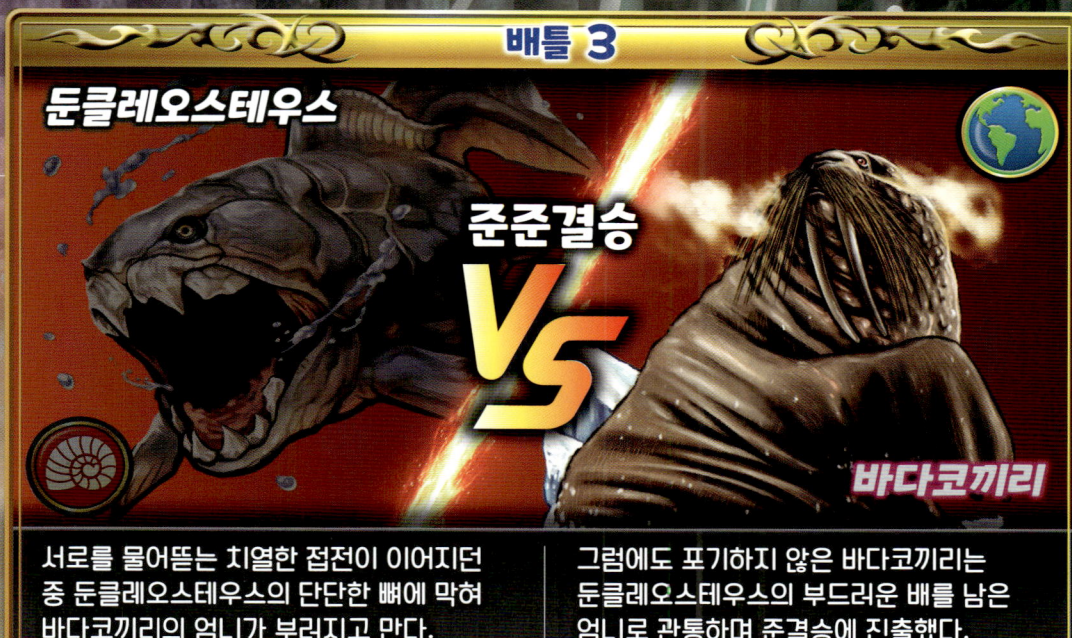

배틀 3 — 둔클레오스테우스 VS 바다코끼리 (준준결승)

서로를 물어뜯는 치열한 접전이 이어지던 중 둔클레오스테우스의 단단한 뼈에 막혀 바다코끼리의 엄니가 부러지고 만다.

그럼에도 포기하지 않은 바다코끼리는 둔클레오스테우스의 부드러운 배를 남은 엄니로 관통하며 준결승에 진출했다.

배틀 4 — 시 멍크 VS 사오정 (준준결승)

사오정이 보장을 잃은 이후 시 멍크가 우세를 이어갔다. 시 멍크는 강렬한 발차기로 사오정을 제압하는 듯했으나, 사각지대에서 날아온 사오정의 보장에 맞아 결국 쓰러진다. 사오정의 화려한 역전 승리는 어쩌면 치밀하게 준비된 전략이었을지도 모른다.

드디어 준결승전이 시작된다!

집중 탐구! 출전 선수 파헤치기 ④

둔클레오스테우스

하반신은 어떻게 생겼을까?

둔클레오스테우스의 화석은 주로 몸의 앞부분인 '단단한 뼈 갑옷'만이 발견되고 있다. 몸통 내부의 뼈는 부드러운 연골로 이루어져 있어 화석으로 남기 어렵기 때문에, 하반신이 어떤 형태였는지 아직 정확히 알려지지 않았다. 이에 따라 하반신은 상어처럼 꼬리지느러미를 가졌거나, 장어처럼 몸을 옆으로 구불거리며 헤엄쳤을 것으로 추측한다.

둔클레오스테우스의 머리 화석. 머리뼈의 크기로 미루어 보아 몸길이는 6~7m로 추정된다.

원래는 최강 수중 생물이었다!

살아 있는 화석인 실러캔스도 데본기에 처음 출현했다.

4억 1,600만~3억 5,890만 년 전의 데본기는 다양한 어류가 등장한 '물고기의 시대'로 불린다. 둔클레오스테우스는 그 시기 바다 생태계의 최상위 포식자로, 최강의 수중 생물이었다. 그러나 데본기 말에 일어난 대멸종으로 전체 생물의 약 80%가 멸종했다. 이 대멸종의 원인으로는 대규모 화산 분화가 지목되고 있다.

집중 탐구!
출전 선수 파헤치기 5

데이노수쿠스

공룡을 습격한 악어가 존재했다?

'데이노수쿠스'는 라틴어로 '무시무시한 악어'라는 뜻이다. 몸길이가 10m가 넘는 이 거대한 악어는, 자기와 비슷한 크기의 공룡까지 잡아먹었다고 한다. 실제로 발굴된 몇몇 공룡 뼈에는 데이노수쿠스의 이빨 자국이 남아 있었다. 악어처럼 물을 마시러 온 공룡을 잠복하여 기습 공격했을 것으로 추정된다. 서식지였던 강가 부근에서 데이노수쿠스는 최강의 포식자로 군림했을 것이다.

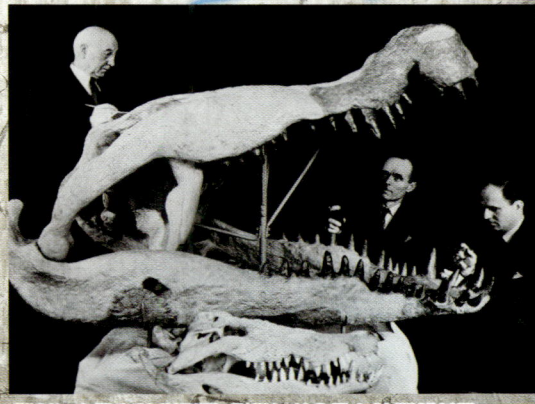

데이노수쿠스의 머리뼈. 티라노사우루스의 뼈에서도 데이노수쿠스의 이빨 자국이 발견된 바 있다.

데스롤은 어떤 기술일까?

얼룩말을 상대로 데스롤을 시도하는 악어

데스롤은 상대를 이빨로 문 채 온몸을 회전시켜, 상대를 물어 찢는 필살기이다. 포획한 먹잇감을 먹기 쉽도록 조각내어 통째로 삼키기 위해서 사용한다. 또한, 다른 악어나 적과 싸울 때 데스롤을 시도해 상대에게 치명적인 공격을 가하는 전투 기술로 사용하기도 한다.

준결승 결과 발표

배틀 1

데이노수쿠스 VS **프라이팬 송어**

준결승 데이노수쿠스의 승리

프라이팬 송어가 작살을 이용한 선제공격에 성공한 뒤 빠른 몸놀림으로 데이노수쿠스를 농락하며 경기를 주도했다.
데이노수쿠스는 어떻게든 프라이팬 송어의 움직임을 봉쇄하려 했으나, 급소를 연이어 공격당하며 궁지에 몰리는 듯 보였다. 하지만 필살의 데스롤 공격으로 프라이팬 송어를 쓰러뜨리며, 결승 진출을 확정 지었다.

베스트 4의 격렬한 전투가 막을 내렸다. 체격 차이를 넘어 승리를 향해 최선을 다한 네 선수는 초반부터 치열하게 맞붙으며 자신의 모든 능력을 쏟아 낸 명승부를 보여 주었다. 이제 남은 시합은 바로 결승전뿐이다!

배틀 2

바다코끼리

준결승 VS

사오정의 승리

사오정

바다코끼리는 위험을 감지하는 능력으로 사오정의 반격을 연달아 피하며 카운터펀치와 몸통 누르기를 선보였다. 결과를 예측할 수 없는 팽팽한 승부 끝에, 사오정이 마지막 힘을 모아 휘두른 보장이 바다코끼리의 머리를 직격했다. 여기에 사오정의 승리에 대한 집념이 더해져, 마침내 완벽하게 결승 진출권을 손에 넣을 수 있었다.

드디어 정상을 다투는 결승전이 시작된다!

집중 탐구! 출전 선수 파헤치기 ⑥

사오정

사오정의 정체는 갓파일까?

사오정은 중국 소설 《서유기》에 등장하는 물의 괴물로, 일본에서는 갓파의 모습으로 그려진다. 하지만 중국의 소설에서 갓파의 모습으로 묘사된 적은 없다.
중국에서 사오정은 '유사하'라는 강에서 나타난 요괴로 기록되어 있다. 《서유기》를 읽은 일본의 번역가가 사오정의 모습을 일본에서 익숙한 강의 요괴인 갓파로 설정한 것이 그 이유라고 한다.

중국 《서유기》 속 사오정의 삽화.
갓파가 아닌 승려의 모습으로 그려져 있다.

《서유기》는 원작이 존재한다?

서유기에 등장하는 삼장법사, 사오정, 손오공, 저팔계.
(시계방향으로)

소설 《서유기》는 629~645년에 인도를 여행한 중국 승려 '현장'이 보고 듣고 기록한 여행기 《대당서역기》를 기반으로 쓰였다. 현장이 주인공으로 등장하며, 각 지역에서 전해지는 현장 관련 전설을 더하고, 여행기를 유쾌하게 각색해 신과 선인, 요괴까지 등장하는 모험 이야기로 완성된 것이 《서유기》이다.

드디어 결승전 배틀

데이노수쿠스

능력	
9	공격력
8	방어력
5	스피드
6	체력
6	기술력

이제까지 배틀 결과

1회전	시드권 획득으로 면제
2회전	VS 북극곰	추위에 약하다는 약점으로 위기에 빠졌으나 물어뜯기와 데스롤로 격파했다.
3회전	VS 흑범고래	입을 벌리는 힘이 약하다는 점을 공격당했지만, 박치기로 반격해 승리했다.
준준결승	VS 아나콘다	통째로 잡아먹힐 뻔해 큰 위기에 빠졌으나, 물어뜯기로 간신히 승리했다.
준결승	VS 프라이팬 송어	싸움에 끌려다니며 급소를 공격당했지만, 필살의 데스롤 공격으로 압도했다.

강자의 싸움을 보여 준 공포의 악어

강력한 공격력과 방어력으로 우승 후보로 꼽히던 데이노수쿠스가 예상대로 결승에 진출했다. 그러나 그 여정은 순탄치 않았다. 입을 벌리는 힘과 추위에 약하다는 약점이 드러나 번번이 선제공격을 허용하는 모습을 보였다.
하지만 매번 큰 위기 상황을 극복하며 승부를 뒤집는 근성, 그리고 상대의 전투력까지 끌어올려 압도적인 힘으로 제압하는 강자다운 모습을 보여 주었다. 결승전 상대인 사오정보다 능력치 면에서는 앞서지만, 사오정은 승부를 단번에 뒤집는 강력한 공격력을 지녔다. 눈을 뗄 수 없는 뜨거운 결승전이 예상된다.

참가자 분석

비교	
공격력	8
방어력	7
스피드	6
체력	8
기술력	7

사오정

이제까지 배틀 결과

1회전		시드권 획득으로 면제
2회전	VS 보댜노이	전투 기술이 맞붙은 명승부 끝에, 고함을 지르며 보장을 휘둘러 격파했다.
3회전	VS 바다 마녀(인어)	보장으로 마법을 모두 막아 낸 뒤, 점프 공격으로 바다 마녀를 제압했다.
준준결승	VS 시 멍크	보장을 잃어버린 위기를 기회로 전환, 사각지대에서 한 방을 날려 승리했다.
준결승	VS 바다코끼리	공격이 적중하지 않아 큰 위기에 몰렸으나, 집념의 일격으로 완벽한 승리를 거두었다.

상대를 단번에 제압하는 파괴력이 위협적인 요괴

사오정은 뛰어난 신체 능력과 보장을 휘두르는 기술을 앞세워 강적들을 물리치고 결승까지 진출했다. 지금까지의 모든 경기에서 사오정은 보장을 결정적인 무기로 기회를 만들고 승리를 거머쥐었다. 준준결승의 시 멍크와 준결승의 바다코끼리와의 배틀에서도 큰 위기에 몰렸지만, 보장으로 단번에 역전승을 이루어 냈다.

비록 결승 상대인 데이노수쿠스에 비해 전반적인 능력치는 뒤처지며, 토너먼트에서 거대한 수생 생물과의 대결 경험이 부족하다는 약점도 있다. 그러나 보장의 공격이 적중한다면, 사오정에게도 충분히 승산이 있다.

최종 결과 발표

기적의 반격으로 최정상에 오르다!

모든 공격 기술이 총동원된 접전이었다. 사오정의 공격에 실신 직전까지 몰렸으나, 극적으로 회복해 꼬리 공격과 데스롤로 상대를 제압하며 기적 같은 승리를 거머쥐었다.

우승: 데이노수쿠스

준우승: 사오정

승리를 한 발짝 남긴 아쉬운 대결

뛰어난 신체 능력과 보장을 활용한 다양한 기술로 우승에 근접했지만, 데이노수쿠스를 완전히 제압하지는 못하고 아쉽게 패했다.

3위 프라이팬 송어

경기를 거듭할수록 실력이 크게 향상됐다. 다양한 프라이팬 공격을 선보이며 3위를 확정 지었다.

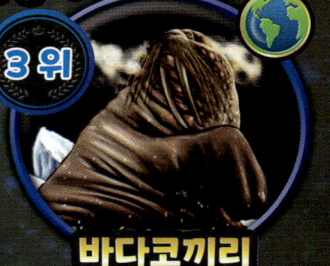

3위 바다코끼리

탁월한 공격력과 방어력으로 여러 강적을 물리치며 3위에 올랐다.

준준결승 탈락자

 아나콘다

 가와텐구

 둔클레오스테우스

 시 멍크

다음 배틀이 기대되는 참가자

메갈로돈

뛰어난 공격력과 체력을 자랑한다. 강적 둔클레오스테우스의 끈질긴 공격을 막아 내지 못해 아쉽게도 3회전에서 패하고 말았다.

우라시마 타로와 거북

다양한 연합 공격으로 이번 대회의 분위기를 고조시켰다. 미끼 작전을 활용해 바다의 왕자 범고래를 제압하는 장면이 압권이었다.

모사사우루스

거대한 백상아리와 흑범고래를 상대로 박력 넘치는 배틀을 선보였다. 앞으로 다른 거대한 생물과의 대결도 매우 기대되는 선수다.

펠라고니스 샌더시

급강하 공격으로 상대를 움켜쥔 뒤 하늘로 날아오르는 모습이 인상적이었다. 대전 상대와 궁합이 맞지 않아 1회전에서 탈락했다.

이종 수중 생물 올스타 대결전은 어땠나?

종족, 체격, 능력치, 특수 능력이 모두 다른 다양한 수생 생물들이 참가한 이번 배틀은 접전의 연속이었다. 거대한 선수들은 힘겨루기로 박력을 보여 주었고, 몸집이 작은 선수들은 저마다의 전투 기술로 맞섰다.

고유의 능력치와 더불어 물을 활용하는 능력도 승패를 좌우했다. 결승전을 방불케 하는 역전 드라마도 여러 차례 발생했으며, 마지막까지 포기하지 않는 승부 근성이 승패를 가르는 결정적인 힘이 되었다.

이종 수중 생물 능력별 순위

대회 운영 본부는 총 47회의 격렬한 배틀을 되돌아보며 각 선수의 스피드, 기술력, 공격력, 방어력을 평가했다. 48명의 선수 가운데 점수가 가장 높은 선수들을 항목별로 소개한다.

스피드 순위

순위	이름	점수	설명
1위	인어공주	100pt	매우 빠른 헤엄 실력을 자랑하며, 적을 피하는 능력이 탁월하다.
2위	돛새치	99pt	헤엄치는 속도가 최상위권이다. 꼬리지느러미로 급정지할 수 있다.
3위	동갈치	98pt	상대 몸통을 꿰뚫을 정도로 빠른 속도로 돌진할 수 있다.

기술력 순위

순위	이름	점수	설명
1위	프라이팬 송어	97pt	프라이팬으로 타격하거나 방패로 사용하고, 무기를 잡을 수도 있다.
2위	바다 마녀(인어)	96pt	바람으로 적을 날리거나 파도로 공격을 막는 등의 마법을 구사한다.
3위	우라시마 타로와 거북	92pt	합동 작전, 협공, 미끼 작전 등을 통해 고도의 전술을 보여 주었다.

공격력 순위

순위	이름	점수	설명
1위	메갈로돈	102pt	2t이 넘는 무는 힘과 이빨로 상대를 물어뜯는 공격이 강력하다.
2위	데이노수쿠스	99pt	물어뜯기와 데스롤은 상대를 단번에 제압하는 파괴력을 지녔다.
3위	모사사우루스	97pt	공격력뿐만 아니라 강적을 상대로도 사납게 날뛰는 성격이 위협적이다.
4위	리비아탄 멜빌레이	94pt	상대를 물어뜯고 통째로 삼키는 공격은 쉽게 피할 수 없다.
5위	수영장의 조	92pt	주변 물의 양에 따라 몸을 한없이 크게 만들 수 있다.

방어력 순위

순위	이름	점수	설명
1위	리비아탄 멜빌레이	105pt	몸길이 18m의 초중량급 몸집으로 웬만한 공격에도 끄떡없다.
2위	둔클레오스테우스	95pt	몸통 앞부분이 뼈로 덮여 있어 머리와 가슴을 보호한다.
3위	메갈로돈	94pt	거대한 몸집과 근육질 몸통으로 공격을 견뎌 내며, 체력도 우수하다.
4위	아르케론	92pt	단단한 등딱지로 적의 공격을 튕겨 낸다.
5위	가니보즈	91pt	게의 단단한 등딱지로 몸을 효과적으로 보호한다.